2/7

Ln 10619.

# RELATION DE LA MORT DU CHEVALIER DE LA BARRE.

---

NOUVELLE EDITION,
TRÈS EXACTE.

# RELATION DE LA MORT DU CHEVALIER DE LA BARRE,

Par Monsieur Cass***

*Avocat au Conseil du* Roi, *à Mr. le Marquis* De Beccaria, *écrite en* 1766.

## NOUVELLE EDITION.

A AMSTERDAM,

1768.

# RELATION
## DE LA MORT
## *DU CHEVALIER*
## DE LA BARRE,

*Par* Monsieur Cass*** *Avocat au Conseil du* Roi, *à Monsieur le Marquis* De Beccaria, *écrite en* 1766.

Il semble, Monsieur, que toutes les fois qu'un génie bienfaisant cherche à rendre service au genre humain, un démon funeste s'élève aussi-tôt pour détruire l'ouvrage de la raison.

A iij

À peine eutes-vous inſtruit l'Europe par vôtre excellent livre ſur les Délits & les Peines, qu'un homme qui ſe dit Juriſconſulte écrivit contre vous en France. Vous aviez ſoutenu la cauſe de l'humanité, & il fut l'Avocat de la barbarie. C'eſt peut-être ce qui a préparé la cataſtrophe du jeune Chevalier De La Barre âgé de dix-neuf ans, & du fils du Préſident De Talonde qui n'en avait pas encor dix-huit.

Avant que je vous raconte, Monſieur, cette horrible avanture qui a indigné l'Europe entière ( excepté peut-être quelques fanatiques ennemis de la nature humaine, ) permettez-moi de poſer ici deux principes que vous trouverez inconteſtables.

1°. Quand une nation eſt encore aſſez plongée dans la barbarie pour faire ſubir aux accuſés le ſupplice de la torture, c'eſt-à-dire pour leur faire ſouffrir mille morts au lieu d'une, ſans ſavoir s'ils ſont innocents ou coupables ; il eſt clair au moins qu'on ne doit point exercer cette énorme fureur contre un accuſé quand il convient de ſon crime, & qu'on n'a plus beſoin d'aucune preuve.

2°. Il eſt auſſi abſurde que cruel de punir

les violations des usages reçus dans un pays, les délits commis contre l'opinion régnante, & qui n'ont opéré aucun mal physique, du même supplice dont on punit les parricides & les empoisonneurs.

Si ces deux règles ne sont pas démontrées, il n'y a plus de loix, il n'y a plus de raison sur la terre; les hommes sont abandonnés à la plus capricieuse tyrannie, & leur sort est fort au dessous de celui des bêtes.

Ces deux principes établis, je viens, Monsieur, à la funeste histoire que je vous ai promise.

Il y avait dans Abbeville, petite Cité de Picardie, une Abbesse, fille d'un Conseiller d'Etat très estimé; c'est une Dame aimable, de mœurs très régulières, d'une humeur douce & enjouée, bienfaisante, & sage sans superstition.

Un habitant d'Abbeville nommé Belleval, âgé de soixante ans, vivait avec elle dans une grande intimité, parce qu'il était chargé de quelques affaires du Couvent; il est Lieutenant d'une espèce de petit Tribunal qu'on appelle l'Election, si on peut donner le nom de Tribunal à une Compagnie de Bourgeois, uniquement préposés pour régler l'assise de l'impôt appellé la Taille. Cet homme devint amoureux de l'Abbesse, qui ne le repoussa d'abord qu'avec sa douceur ordinaire, mais qui fut ensuite obligée de marquer son aversion & son mépris pour ses importunités trop redoublées.

Elle fit venir chez elle dans ce temps là en 1764. le Chevalier De La Barre son neveu, petit-fils d'un Lieutenant-Général des Armées, mais dont le père avait dissipé une fortune de plus de quarante mille livres de rente : elle prit soin de ce jeune homme, comme de son fils, & elle était prête de lui faire obtenir une Compagnie de Cavalerie : il fut logé dans l'extérieur du Couvent, & Madame sa Tante lui donnait souvent à souper, ainsi qu'à quelques jeunes gens de ses amis. Le Sr. Belleval, exclus de ces soupers, se vengea en suscitant à l'Abbesse quelques affaires d'intérêt.

Le jeune La Barre prit vivement le parti de sa Tante, & parla à cet homme avec une hauteur qui le révolta entiérement. Belleval résolut de se venger ; il sut que le Chevalier De La Barre & le jeune Talonde fils du

Président de l'Election avaient passé depuis peu devant une procession sans ôter leur chapeau : c'était au mois de Juillet 1765. Il chercha dès ce moment à faire regarder cet oubli momentané des bienséances comme une insulte préméditée faite à la Religion. Tandis qu'il ourdissait secrétement cette trâme, il arriva malheureusement que le 9 Août de la même année on s'apperçut que le crucifix de bois posé sur le pont neuf d'Abbeville était endommagé, & l'on soupçonna que des soldats yvres avaient commis cette insolence impie.

Je ne puis m'empêcher, Monsieur, de remarquer ici qu'il est peut-être indécent & dangereux d'exposer sur un pont ce qui doit être révéré dans un Temple Catholique ; les voitures publiques peuvent aisément le briser ou le renverser par terre. Des yvrognes peuvent l'insulter au sortir d'un cabaret, sans savoir même quel excès ils commettent. Il faut remarquer encore que ces ouvrages grossiers, ces crucifix de grand chemin, ces images de la Vierge Marie, ces enfans Jésu qu'on voit dans des niches de plâtre au coin des rues de plusieurs Villes, ne sont pas un objet d'adoration tels qu'ils le sont dans nos Eglifes : cela est si vrai qu'il est permis de passer devant ces images sans les saluer. Ce sont des monuments d'une piété mal éclairée : & au jugement de tous les hommes sensés, ce qui est saint ne doit être que dans le lieu saint.

Malheureusement l'Evêque d'Amiens étant aussi Evêque d'Abbeville, donna à cette avanture une célébrité, & une importance qu'elle ne méritait pas. Il fit lancer des Monitoires ; il vint faire une procession solemnelle auprès de ce crucifix, & on ne parla dans Abbeville que de sacrilèges pendant une année entiére. On disait qu'il se formait une nouvelle secte qui brisait tous les crucifix, qui jettait par terre toutes les hosties & les perçait à coups de couteaux. On assurait qu'elles avaient répandu beaucoup de sang. Il y eut des femmes qui crurent en avoir été témoins. On renouvella tous les contes calomnieux répandus contre les Juifs dans tant de Villes de l'Europe. Vous connaissez, Monsieur, à quel excès la populace porte la crédulité & le fanatisme, toujours encouragés par les moines.

Le Sr. Belleval voyant les esprits échauffés confondit malicieusement ensemble l'avanture du crucifix & celle de la procession, qui n'avaient aucune connexité. Il rechercha toute la vie du Chevalier De La Barre : il fit venir chez lui valets, servantes, manœuvres ; il leur dit d'un ton d'inspiré qu'ils étaient obligés en vertu des Monitoires, de révéler tout ce qu'ils avaient pu apprendre à la charge de ce jeune homme ; ils répondirent tous qu'ils n'avaient jamais entendu dire que le Chevalier De La Barre eût la moindre part à l'endommagement du crucifix.

On ne découvrit aucun indice touchant cette mutilation, & même alors il parut fort douteux que le crucifix eut été mutilé exprès. On commença à croire ( ce qui était assez vraisemblable ) que quelque charette chargée de bois avait causé cet accident.

Mais, dit Belleval, à ceux qu'il voulait faire parler, si vous n'êtes pas sûrs que le Chevalier De La Barre ait mutilé un crucifix en passant sur le pont, vous savez au moins que cette année au mois de Juillet, il a passé dans une rue avec deux de ses amis à trente pas d'une procession sans ôter son chapeau. Vous avez ouï dire qu'il a chanté une fois des chansons libertines ; vous êtes obligés de l'accuser sous peine de péché mortel.

Après les avoir ainsi intimidés, il alla lui-même chez le premier Juge de la Sénéchaussée d'Abbeville. Il y déposa contre son ennemi, il força ce Juge à entendre les dénonciateurs.

La procédure une fois commencée il y eut une foule de délations. Chacun disait ce qu'il avait vû ou crû voir; ce qu'il avait entendu ou crû entendre; mais quel fut, Monsieur, l'étonnement de Belleval, lorsque les témoins qu'il avait suscités lui-même contre le Chevalier De La Barre, dénoncèrent son propre fils comme un des principaux complices des impiétés secrettes qu'on cherchait à mettre au grand jour. Belleval fut frappé comme d'un coup de foudre, il fit incontinent évader son fils; mais ce que vous croirez à peine, il n'en poursuivit pas avec moins de chaleur cet affreux procès.

Voici, Monsieur, quelles sont les charges.

Le 13 Août 1765 six témoins déposent qu'ils ont vû passer trois jeunes gens à trente pas d'une procession, que les Srs. De La Barre & De Talonde avaient leur chapeau sur la tête, & le Sr. Moinel le chapeau sous le bras.

Dans une addition d'information, une Elifabeth Lacrivel dépofe avoir entendu dire à un de fes coufins, que ce coufin avait entendu dire au Chevalier De La Barre qu'il n'avait pas ôté fon chapeau.

Le 26 Septembre une femme du peuple nommée Urfule Gondalier, dépofe qu'elle a entendu dire que le Chevalier De La Barre voyant une image de St. Nicolas en plâtre chez la Sœur Marie Touriére du Couvent, il demanda à cette Touriére fi elle avait acheté cette image pour avoir celle d'un homme chez elle.

Le nommé Bauvalet dépofe que le Chevalier De La Barre a proféré un mot impie en parlant de la Vierge Marie.

Claude, dit Sélincour, témoin unique, dépofe que l'accufé lui a dit que les commandements de Dieu ont été faits par des Prêtres; mais à la confrontation l'accufé foutient que Sélincourt eft un calomniateur, & qu'il n'a été queftion que des commandemens de l'Eglife.

Le nommé Héquet, témoin unique, dépofe que l'accufé lui a dit ne pouvoir comprendre comment on avait adoré un Dieu de pâte.

L'accusé dans la confrontation soutient qu'il a parlé des Egyptiens.

Nicolas La Vallée dépose qu'il a entendu chanter au Chevalier De La Barre deux chansons libertines de corps de garde. L'accusé avoue qu'un jour étant yvre il les a chantées avec le Sr. De Talonde sans savoir ce qu'il disait, que dans cette chanson on appelle à la vérité Ste. Marie Madelaine *putain*; mais qu'avant sa conversion elle avait mené une vie débordée: il est convenu d'avoir récité l'Ode à Priape du Sr. Pirron.

Le nommé Héquet dépose encore dans une addition, qu'il a vu le Chevalier De La Barre faire une petite génuflexion devant les livres intitulés Thérèse Philosophe, la Touriére des Carmelites & le Portier des Chartreux. Il ne désigne aucun autre livre; mais au recolement & à la confrontation, il dit qu'il n'est pas sûr que ce fût le Chevalier De La Barre qui fit ces génuflexions.

Le nommé La Cour dépose qu'il a entendu dire à l'accusé *au nom du C*.... au lieu de dire au nom du père &c. Le Chevalier dans son interrogatoire sur la sellette a nié ce fait.

Le nommé Pétignot dépose qu'il a entendu l'accusé réciter les litanies du C.... telles à peu près qu'on les trouve dans Rabelais, & que je n'ose rapporter ici. L'accusé le nie dans son interrogatoire sur la sellette; il avoue qu'il a en effet prononcé C.... mais il nie tout le reste.

Voilà, Monsieur, toutes les accusations portées contre le Chevalier De La Barre, le Sr. Moinel, le Sr. De Talonde, Jean-François Douville de Maillefeu, & le fils du nommé Belleval auteur de toute cette tragédie.

Il est constaté qu'il n'y avait eu aucun scandale public, puisque La Barre & Moinel ne furent arrêtés que sur des Monitoires lancés à l'occasion de la mutilation du crucifix, mutilation scandaleuse & publique, dont ils ne furent chargés par aucun témoin. On rechercha toutes les actions de leur vie, leurs conversations secrettes, des paroles échapées un an auparavant; on accumula des choses qui n'avaient aucun raport ensemble, & en cela même la procédure fut très vicieuse.

Sans ces Monitoires & sans les mouvements violents que se donna Belleval, il n'y aurait jamais eu de la part de ces enfans infortunés ni scandale ni procès criminel; le scandale public n'a été que dans le procès même.

Le Monitoire d'Abbeville fit précisément le même effet que celui de Toulouse contre les Calas; il troubla les cervelles & les consciences. Les témoins excités par Belleval comme ceux de Toulouse l'avaient été par le Capitoul David, rappellèrent dans leur mémoire des faits, des discours vagues, dont il n'était guères possible qu'on pût se rappeller exactement les circonstances ou favorables ou agravantes.

Il faut avouer, Monsieur, que s'il y a quelques cas où un Monitoire est nécessaire, il y en a beaucoup d'autres où il est très dangereux. Il invite les gens de la lie du peuple à porter des accusations contre les personnes élevées au dessus d'eux dont ils sont toujours jaloux. C'est alors un ordre intimé par l'Eglise de faire le métier infâme de délateur. Vous êtes menacés de l'enfer, si vous ne mettez pas vôtre prochain en péril de sa vie.

Il n'y a peut-être rien de plus illégal dans les Tribunaux de l'Inquisition & une grande preuve de l'illégalité de ces Monitoires, c'est

qu'ils

qu'ils n'émanent point directement des Magistrats, c'est le pouvoir écclésiastique qui les décerne. Chose étrange qu'un écclésiastique qui ne peut juger à mort, mette ainsi dans la main des Juges le glaive qu'il lui est défendu de porter.

Il n'y eut d'interrogés que le Chevalier & le Sr. Moinel, enfant d'environ quinze ans. Moinel tout intimidé & entendant prononcer au juge le mot d'attentat contre la Religion, fut si hors de lui, qu'il se jetta à genoux & fit une confession générale, comme s'il eût été devant un prêtre. Le Chevalier De La Barre plus instruit & d'un esprit plus ferme, répondit toujours avec beaucoup de raison, & disculpa Moinel dont il avait pitié. Cette conduite qu'il eut jusqu'au dernier moment prouve qu'il avait une belle ame. Cette preuve aurait dû être comptée pour beaucoup aux yeux de Juges intelligens, & ne lui servit de rien.

Dans ce procès, Monsieur, qui a eu des suites si affreuses, vous ne voyez que des indécences, & pas une action noire ; vous n'y trouvez pas un seul de ces délits qui sont des crimes chez toutes les nations, point de brigandage, point de violence, point de lâcheté ; rien de ce qu'on reproche à ces enfans ne ferait même un délit dans les autres communions Chrêtiennes. Je suppose que le Chevalier De La Barre & Mr. De Talonde ayent dit que l'on ne doit pas adorer un Dieu de pâte, c'est précisément & mot à mot ce que disent tous ceux de la Religion Réformée.

Le Chancelier d'Angleterre prononcerait ces mots en plein Parlement, sans qu'ils fussent relevés par personne. Lorsque Mylord Lokart était Ambassadeur à Paris, un habitué de Paroisse porta furtivement l'Euchariftie dans son hôtel à un domestique malade qui était Catholique ; Mylord Lokart qui le sut, chassa l'habitué de sa maison ; il dit au Cardinal Mazarin qu'il ne souffrirait pas cette insulte. Il traita en propres termes l'Euchariftie de Dieu de pâte & d'idolatrie. Le Cardinal Mazarin lui fit des excuses.

Le grand Archevêque Tillotson, le meilleur prédicateur de l'Europe, & presque le seul qui n'ait point deshonoré l'éloquence par de fades lieux communs, ou par de vaines phrases fleuries comme Cheminais, ou par de faux raisonnemens comme Bourdaloue ; l'Archevêque Tillotson, dis-je, parle précisément de nôtre Eucharistie comme le Chevalier De La Barre. Les mêmes paroles respectées dans Mylord Lokart à Paris, & dans la bouche de Mylord Tillotson à Londres, ne peuvent donc être en France qu'un délit local, un délit de lieu & de tems, un mépris de l'opinion vulgaire, un discours échapé au hazard devant une ou deux personnes; n'est-ce pas le comble de la cruauté de punir ces discours secrets du même suplice dont on punirait celui qui aurait empoisonné son père & sa mère, & qui aurait mis le feu aux quatre coins de sa Ville?

Remarquez, Monsieur, je vous en suplie, combien on a deux poids, & deux mesures. Vous trouverez dans la 24ᵉ. Lettre Persanne de Mr. De Montesquieu, Président à Mortier du Parlement de Bordeaux, de l'Académie Française, ces propres paroles: *Ce Magicien s'appelle le Pape; tantôt il fait croire que trois ne font qu'un, tantôt que le pain qu'on mange n'est pas du pain, & que le vin qu'on boit n'est pas du vin;* & mille autres traits de cette espèce.

Mr. De Fontenelle s'était exprimé de la

même maniére dans fa Rélation de Rome & de Genève fous le nom de Mero & d'Ene-gu. Il y avait dix mille fois plus de fcandale dans ces paroles de Meffieurs de Fontenelle & de Montefquieu, expofées par la lecture aux yeux de dix mille perfonnes, qu'il n'y en avait dans deux ou trois mots échapés au Chevalier De La Barre devant un feul témoin, paroles perdues dont il ne reftait aucune trace. Les difcours fecrets doivent être regardés comme des penfées; c'eft un axiome dont la plus déteftable barbarie doit convenir.

Je vous dirai plus, Monfieur : il n'y a point en France de loi expreffe qui condamne à mort pour des blafphêmes. L'ordonnance de 1666. prefcrit une amende pour la premiére fois, le double pour la feconde &c. & le pilori pour la fixiéme récidive.

Cependant les Juges d'Abbeville par une ignorance & une cruauté inconcevable, condamnèrent le jeune De Talonde âgé de 18 ans, 1°. à fouffrir le fuplice de l'amputation de la langue jufqu'à la racine, ce qui s'exécute de maniére que fi le patient ne préfente pas la langue lui-même, on la lui tire avec des tenailles de fer, & on la lui arrache.

2°. On devait lui couper la main droite à la porte de la principale Eglife.

3°. Enfuite il devait être conduit dans un tombereau à la place du marché, être attaché à un poteau avec une chaîne de fer, & être brulé à petit feu. Le Sr. De Talonde avait heureufement épargné par la fuite à fes Juges l'horreur de cette exécution.

Le Chevalier De La Barre étant entre leurs mains, ils eurent l'humanité d'adoucir la fentence, en ordonnant qu'il ferait décapité avant d'être jetté dans les flammes; mais s'ils diminuèrent le fuplice d'un côté, ils l'augmentèrent de l'autre, en le condamnant à fubir la queftion ordinaire & extraordinaire pour lui faire déclarer fes complices; comme fi des extravagances de jeune homme, des paroles emportées dont il ne refte pas le moindre veftige, étaient un crime d'état, une confpiration. Cette étonnante fentence fut rendue le 28 Février de l'année 1766.

La Jurifprudence de France eft dans un fi grand cahos, & conféquemment l'ignorance des Juges eft fi grande, que ceux qui portèrent cette sentence se fondèrent sur une Déclaration de Louis XIV. émanée en 1682. à l'occasion des prétendus sortilèges & des empoisonnemens réels commis par la Voisin, la Vigoureux, & les deux Prêtres nommés Le Vigoureux & Le Sage. Cette Ordonnance de 1682 prescrit à la vérité la peine de mort pour le *sacrilège joint à la superstition*; mais il n'est question dans cette loi que de magie & de sortilège; c'est-à-dire, de ceux qui en abusant de la crédulité du peuple, & en se disant magiciens, sont à la fois prophanateurs & empoisonneurs. Voilà la lettre & l'esprit de la loi; il s'agit dans cette loi de faits criminels pernicieux à la société, & non pas de vaines paroles, d'imprudences, de légéreté, de sottises commises sans aucun dessein prémédité, sans aucun complot, sans même aucun scandale public.

Les Juges de la Ville d'Abbeville péchaient donc visiblement contre la loi autant que contre l'humanité, en condamnant à des suplices aussi épouvantables que recherchés un gentilhomme & un fils d'une très honnête famille, tous deux dans un âge où l'on ne pouvait regarder leur étourderie que comme un égarement qu'une année de prison aurait corrigé. Il y avait même si peu de corps de délit que les Juges dans leur sentence se servent de ces termes vagues & ridicules employés par le petit peuple, *pour avoir chanté des chansons abominables & exécrables, contre la Vierge Marie, les Saints & Saintes* : remarquez, Monsieur, qu'ils n'avaient chanté ces *chansons abominables & exécrables contre les Saints & Saintes* que devant un seul témoin qu'ils pouvaient recuser légalement. Ces épithètes sont-elles de la dignité de la Magistrature ? Une ancienne chanson de table n'est après tout qu'une chanson. C'est le sang humain légérement répandu, c'est la torture, c'est le suplice de la langue arrachée, de la main coupée, du corps jetté dans les flammes, qui est *abominable & exécrable*.

La Sénéchauffée d'Abbeville ressortit au Parlement de Paris. Le Chevalier De La Barre y fut transféré, son procès y fut instruit. Dix des plus célèbres Avocats de Paris signèrent une consultation par laquelle ils démontrèrent l'illégalité des procédures & l'indulgence qu'on doit à des enfans mineurs qui ne sont accusés ni d'un complot, ni d'un crime réfléchi ; le

Procureur-Général versé dans la Jurisprudence conclut à casser la sentence d'Abbeville : il y avait vingt-cinq Juges, dix acquiescèrent aux conclusions du Procureur-Général ; mais des circonstances singuliéres que je ne puis mettre par écrit, obligèrent les quinze autres à confirmer cette sentence étonnante le 5 Juin de cette année 1766.

Est-il possible, Monsieur, que dans une société qui n'est pas sauvage, cinq voix de plus sur vingt-cinq, suffisent pour arracher la vie à un accusé, & très souvent à un innocent ! Il faudrait dans un tel cas de l'unanimité ; il faudrait au moins que les trois quarts des voix fussent pour la mort ; encor en ce dernier cas le quart des Juges qui mitigerait l'arrêt, devrait dans l'opinion des cœurs bien faits l'emporter sur les trois quarts de ces bourgeois cruels, qui se jouent impunément de la vie de leurs concitoyens sans que la Société en retire le moindre avantage.

La France entière regarda ce jugement avec horreur. Le Chevalier De La Barre fut renvoyé à Abbeville pour y être exécuté. On fit prendre aux Archers qui le conduisaient des chemins détournés ; on craignait que le Chevalier De La Barre ne fût délivré sur la route par ses amis ; mais c'était ce qu'on devait souhaiter plutôt que craindre.

Enfin le premier Juillet de cette année se fit dans Abbeville cette exécution trop mémorable : cet enfant fut d'abord appliqué à la torture. Voici quel est ce genre de tourment.

Les jambes du patient sont serrées entre des ais ; on enfonce des coins de fer ou de bois entre les ais & les genoux, les os en sont brisés. Le Chevalier s'évanouit, mais il revint bientôt à lui à l'aide de quelques liqueurs spiritueuses, & déclara sans se plaindre qu'il n'avait point de complice.

On lui donna pour Confesseur & pour assistant un Dominicain ami de sa tante l'Abbesse, avec lequel il avait souvent soupé dans le Couvent. Ce bon homme pleurait, & le Chevalier le consolait. On leur servit à diner. Le Dominicain ne pouvait manger. Prenons un peu de nourriture, lui dit le Chevalier, vous aurez besoin de force autant que moi pour soutenir le spectacle que je vais donner.

Le spectacle en effet était terrible : on avait

envoyé de Paris cinq bourreaux pour cette exécution. Je ne puis dire en effet si on lui coupa la langue & la main. Tout ce que je sais par les lettres d'Abbeville, c'est qu'il monta sur l'échafaut avec un courage tranquille, sans plainte, sans colère, & sans ostentation : tout ce qu'il dit au Religieux qui l'assistait se réduit à ces paroles, *je ne croyais pas qu'on pût faire mourir un jeune gentilhomme pour si peu de chose.*

Il serait devenu certainement un excellent Officier : il étudiait la guerre par principes ; il avait fait des remarques sur quelques ouvrages du Roi de Prusse & du Maréchal de Saxe, les deux plus grands Généraux de l'Europe.

Lorsque la nouvelle de sa mort fut reçue à Paris, le Nonce dit publiquement qu'il n'aurait point été traité ainsi à Rome, & que s'il avait avoué ses fautes à l'Inquisition d'Espagne, & de Portugal, il n'eût été condamné qu'à une pénitence de quelques années.

Je laisse, Monsieur, à votre humanité & à vôtre sagesse, le soin de faire des réflexions sur un événement si affreux, si étrange, &

devant lequel tout ce qu'on nous conte des prétendus supplices des premiers Chrêtiens doit disparaître. Dites-moi quel est le plus coupable, ou un enfant qui chante deux chansons réputées impies dans sa seule secte, & innocentes dans tout le reste de la terre, ou un Juge qui ameute ses confrères pour faire périr cet enfant indiscret par une mort affreuse ?

Le sage & éloquent Marquis De Vauvernagues a dit, *ce qui n'offense pas la société n'est pas du ressort de la Justice.* Cette vérité doit être la baze de tous les Codes criminels : or certainement le Chevalier De La Barre n'avait pas nui à la société en disant une parole imprudente à un valet, à une Tourriére, en chantant une chanson. C'étaient des imprudences secrettes dont on ne se souvenait plus ; c'étaient des légéretés d'enfant oubliées depuis plus d'une année, & qui ne furent tirées de leur obscurité que par le moyen d'un Monitoire qui les fit révéler ; Monitoire fulminé pour un autre objet, Monitoire qui forme des délateurs, Monitoire tirannique fait pour troubler la paix de toutes les familles.

Il est si vrai qu'il ne faut pas traiter un jeune homme imprudent comme un scélérat consommé dans le crime, que le jeune Mr. De Talonde condamné par les mêmes Juges à une mort encore plus horrible, a été accueilli par le Roi de Prusse & mis au nombre de ses Officiers; il est regardé par tout le Régiment comme un excellent sujet; qui sait si un jour il ne viendra pas se venger de l'affront qu'on lui a fait dans sa patrie?

L'exécution du Chevalier De La Barre consterna tellement tout Abbeville, & jetta dans les esprits une telle horreur, que l'on n'osa pas poursuivre le procès des autres accusés.

Vous vous étonnez sans doute, Monsieur, qu'il se passe tant de scènes si tragiques dans un pays qui se vante de la douceur de ses mœurs, & où les étrangers même venaient autrefois en foule chercher les agrémens de la société: mais je ne vous cacherai point que s'il y a toujours un certain nombre d'esprits indulgents & aimables, il reste encor dans plusieurs autres un ancien caractère de barbarie que rien n'a pû effacer: vous retrouverez encor ce même esprit qui fit mettre à prix la tête d'un Cardinal premier Ministre,

& qui conduifait l'Archevêque de Paris un poignard à la main dans le fanctuaire de la juftice. Certainement la Religion était plus outragée par ces deux actions que par les étourderies du Chevalier De La Barre; mais voilà comme va le monde: *hic pretium fceleris tulit, hic Diadema.*

Quelques Juges ont dit que dans les circonftances préfentes la Religion avait befoin de ce funefte exemple; ils fe font bien trompés; rien ne lui a fait plus de tort; on ne fubjugue pas ainfi les efprits, on les indigne, & on les révolte.

J'ai entendu dire, malheureufement à plufieurs perfonnes, qu'elles ne pouvaient s'empêcher de détefter une fecte, qui ne fe foutenait que par des bourreaux. Ces difcours publics & répétés m'ont fait frémir plus d'une fois.

On a voulu faire périr par un fuplice réfervé aux empoifonneurs, & aux parricides, des enfans accufés d'avoir chanté d'anciennes chanfons blafphématoires, & cela même a fait prononcer plus de cent mille blafphêmes. Vous ne fauriez croire, Monfieur, combien cet événement rend nôtre Religion Catholique Romaine exécrable à tous les étrangers : les Juges disent que la politique les a forcés à en user ainsi. Quelle politique imbécille & barbare ! Ah ! Monsieur, quel crime horrible contre la justice de prononcer un jugement par politique, surtout un jugement de mort, & encor de quelle mort !

L'attendrissement & l'horreur qui me saisissent ne me permettent pas d'en dire davantage.

J'ai l'honneur d'être &c.

www.ingramcontent.com/pod-product-compliance
Lightning Source LLC
Chambersburg PA
CBHW060550050426
42451CB00011B/1837